Jules TOCKERT

LETTRE

A UN

DÉLÉGUÉ SÉNATORIAL

PARIS

IMPRIMERIE V. GOUPY ET JOURDAN

RUE DE RENNES, 71.

—

1878

LETTRE

A UN

DÉLÉGUÉ SÉNATORIAL

A Monsieur O. Prudent, à X...

I

Vous avez reçu le mandat de délégué et, dans quelques jours, vous irez au chef-lieu de votre département pour arrêter la liste de vos représentants au Sénat. Vos concitoyens, pleins de confiance en votre expérience et en votre sagesse ne vous ont imposé d'avance aucun choix. Cette confiance, vous voulez la justifier ; les scrupules que vous manifestez, les sentiments que vous exprimez montrent que vous comprenez toute la gravité de votre mission. Vous pensez avec raison qu'un vote n'est pas une mince affaire, et qu'avant de l'émettre, on ne saurait s'entourer de trop de lumières. Vous voulez bien me soumettre vos doutes. Je croirais manquer au premier devoir de l'amitié, si je ne vous disais pas franchement ma manière de voir.

Laissez-moi d'abord rappeler ce que vous m'écrivez. D'autres que vous, j'ose l'espérer, liront cette lettre, et il est bon qu'ils y trouvent la traduction de préoccupations qui leur sont communes avec vous :

« Si j'appartenais à un parti quelconque — me dites vous, — mon choix serait bientôt fait. Je voterais pour le candidat qui représente mes idées, et tout serait dit. Mais je n'ai pas d'opinions politiques. Je me soucie médiocrement de la forme de gouvernement qui nous régit, je m'inquiète peu de l'étiquette qui décore nos institutions. Pourvu que ce gouvernement assure l'ordre et la paix, nous préserve de toute agitation intérieure, de tout conflit avec l'étranger; pourvu que ces institutions garantissent la stabilité du présent et, autant qu'il est possible, la sécurité de l'avenir, je me tiens pour satisfait. La plupart de mes concitoyens, — je pourrais dire les trois quarts de la population rurale en France, — pensent comme moi.

« Qu'on ne nous accuse pas d'égoïsme, qu'on ne nous reproche pas de circonscrire notre horizon politique aux limites de notre village. Cultivateurs aisés ou petits propriétaires, nous donnons beaucoup à l'Etat, et nous lui demandons peu de chose en échange. Tout paysans que nous sommes, nous valons bien ces présomptueux citadins qui donnent moins que nous et réclament bien davantage. Nous n'avons pas comme eux, il est vrai, la manie de *politiquer* à tout propos, nous ne comprenons qu'imparfaitement les intrigues qui se nouent dans nos assemblées, les dissensions des partis nous laissent indifférents, mais il est faux d'avancer que nous ne nous préoccupons pas de la situation de l'Etat.

« Eh! qui donc, plus que nous, doit désirer que le pays soit bien gouverné, que le pouvoir soit exercé par des hommes sages, modérés, prévoyants, ennemis de toute violence, incapables de commettre aucune imprudence; qui donc souffre plus que nous des agitations fomentées par les partis, qui donc est plus directement atteint par les secousses venues d'en haut, et qui dès lors a plus souci que nous de confier la représentation des intérêts communs à des guides sûrs, expérimentés et sans passions?

« Non, certes, nous ne sommes pas étrangers à ces préoccupations, seulement nous ne croyons pas qu'il soit nécessaire de nous attacher à tel ou tel parti, voire même à tel régime plutôt qu'à tel autre. Notre idéal politique, c'est l'ordre et la paix. Quant au principe ou à la forme du gouvernement qui nous assure ces deux bienfaits, nous ne nous en inquiétons guère. A dire vrai, l'expérience du passé nous a rendus un peu sceptiques. Tous les régimes nous ont fait les mêmes promesses, tous ont essayé de nous faire croire à leur puissance et à leur vitalité, peu d'entre eux ont réalisé les espérances qu'ils nous avaient fait concevoir; nous les acceptons quand ils sont établis, nous réservant de les juger à l'œuvre, mais nous n'imposons pas à nos candidats le devoir de se consacrer exclusivement à la défense et au maintien du parti qui est au pouvoir, nous les laissons libres de régler leur attitude d'après les circonstances, à la condition que leur principal souci soit toujours de réaliser l'idéal que je viens de rappeler.

« Par malheur, on ne tient aucun compte de ces dispositions. De gré ou de force il faut que la campagne participe aux mouvements politiques, et à nous qui demandons uniquement la faculté de travailler paisiblement et sans inquiétude, on jette en pâture des journaux, des brochures, que nous ne lisons point en temps ordinaire, mais que le désir de nous renseigner sur les hommes qui se présentent à nos suffrages, nous pousse à parcourir aux époques d'élections. Ces brochures, ces journaux, conçus pour la plupart dans l'esprit le plus violent, bien loin de nous instruire, jettent le trouble dans nos consciences, la division dans les esprits, et nous remplissent de doutes sur les mérites et la moralité des candidats en présence. Tel que nous avions élu il y a trois ans, parce que nous le savions honnête, modéré, dévoué à nos intérêts, nous est peint sous les plus sombres couleurs, nous apparaît sous le plus sinistre aspect. Nous avions cru qu'il était resté fidèle à ses promesses, qu'il avait rempli son mandat avec loyauté, on nous assure que cet homme intègre est devenu durant ces trois dernières années un traître, un rebelle, un factieux. Depuis quelques jours notamment, e pays est inondé de petites brochures et de petits ournaux qui ne laissent pas d'y produire un certain émoi. Comment ces brochures nous parviennent-elles ? Comme toujours, par des mains inconnues qui les glissent sous les portes de nos maisons, en parsèment nos prés et nos vignes : on en trouve jusque sur la grande route. Cela pousse comme la mousse dans une cour mal gardée, ou l'ivraie parmi le froment dans les champs mal entretenus, en attendant l'arrivée des colporteurs politiques qui se chargent d'éclairer de vive voix ceux qui ne savent pas lire ou qui ne comprennent pas bien ce qu'ils lisent.

« Or, Monsieur, ce qu'il y a, dans ces brochures, d'attaques contre les sénateurs que nous avons élus il y a trois ans, c'est à ne pas y croire. On nous affirme que ces hommes, autrefois si estimables, sont devenus tout simplement des êtres malfaisants qu'il importe de renvoyer à leur famille, puisque nous avons la bonne fortune de pouvoir les remplacer. Savez-vous ce qu'ils ont fait, nous dit-on, ces sénateurs investis de votre confiance ? Eh bien ! ils se sont ralliés à la majorité conservatrice, à cette majorité qui n'a fait que du mal, qui a perpétuellement cherché noise à la Chambre des députés, à cette Chambre si honnête, si douce, si modérée, tout entière composée de braves gens, toujours calmes, toujours tranquilles, toujours paisibles, incapables de faire de la peine à l'autre assemblée, comme chacun sait. Oui, continue-t-on, ils se sont ralliés à cette majorité « où se trouve — comme dit M. Gambetta — des ennemis mortels embusqués pour tirer à l'abri sur les défenseurs de la Constitution ; c'est à cette majorité que vous devez attribuer tous vos maux, elle n'a rien fait de ce qu'elle devait faire, et elle a fait tout ce qu'il lui était interdit d'entreprendre ; personne n'ignore qu'elle avait pour unique devoir de maintenir la République, eh bien ! elle n'a cherché qu'à l'étrangler ; par sa faute vous avez vu « le spectre de la guerre civile à l'horizon, vous avez entendu —c'est encore M. Gambetta qui le dit — pendant sept mois, des bruits, des murmures de coup d'État ».

« Je vous dirai franchement que ni moi ni mes concitoyens n'avons jamais rien vu ni entendu de pareil, mais il se peut qu'il en ait été ainsi ailleurs, et vous devez comprendre quelle stupéfaction nous avons éprouvée en recevant de si beaux renseignements sur le compte de nos sénateurs. Qu'ils se soient montrés plus ou moins entichés des idées républicaines, mais cela nous inquiète médiocrement. Mais la Constitution, Monsieur, oh ! cela, nous y tenons, et s'ils y ont réellement touché, nous ne leur pardonnerons jamais.

« Ce qui nous étonne le plus, par exemple, ce qu'à vrai dire, nous ne pouvons comprendre, c'est que toutes les machinations, tous les complots reprochés à nos sénateurs ont eu lieu, paraît-il, à l'instigation d'un certain parti qui, nous dit-on, est le chef naturel de tous les autres, le cléricalisme. Mais qu'est-ce donc, Monsieur, que ce cléricalisme dont l'influence est si pernicieuse? Ce n'est pas la première fois qu'on nous en parle : déjà, au mois d'octobre dernier, on ne nous entretenait que de lui, il n'était question que du retour du gouvernement des curés. Nous n'entendions pas grand'chose à ces menaces, mais comme les meilleurs esprits sont faciles à troubler, et qu'on redoute surtout les dangers inconnus, il arriva que la plupart d'entre nous cédèrent, non par conviction, mais par peur, aux objurgations des petits journaux et des colporteurs politiques, et voilà comment les candidats conservateurs restèrent sur le carreau, sans qu'on ait jamais su ce qu'il y avait de vrai dans les reproches qu'on leur adressait, ni ce que signifiaient ces reproches.

« A cette époque, Monsieur, j'agissais uniquement pour mon compte, j'étais en droit de ne consulter que ma conscience, mais aujourd'hui, ma voix représente celle de tous les électeurs de la commune, je ne me dissimule pas la responsabilité que j'encours, et je ne veux voter qu'en connaissance de cause. L'expérience

m'a rendu défiant, et je répète voloutiers le proverbe :
« Qui n'entend qu'une cloche n'entend qu'un son. »
Avant de condamner les sénateurs auxquels j'ai donné
ma voix il y a trois ans, je veux être bien assuré de leur
culpabilité ; je les ai trop longtemps estimés pour les
déclarer tout de suite et sans preuves, sur le simple témoignage des petits journaux ou sur les affirmations
d'un député que je ne connais pas, pour les déclarer,
dis-je, des imposteurs, lorsqu'ils viennent me dire :
Nous avons fidèlement accompli notre mandat, nous
avons toujours respecté les institutions que le pays s'est
données et nous les respecterons encore dans l'avenir ;
nous sommes des conservateurs, cela veut dire que
nous avons surtout en vue le maintien de ce qui est établi. Nous acceptons la forme républicaine, nous n'a-
vons rien fait et nous ne voulons rien faire pour la détruire. Aujourd'hui, comme il y a trois ans, notre devise
est : « l'ordre et la paix. »

« Faut-il croire à ce langage ? Faut-il l'accuser de
fausseté et d'imposture ? C'est ce que je tiens à savoir,
et voilà pourquoi je m'adresse à vous qui êtes, je crois,
sans passion, comme moi, mais qui êtes placé mieux
que moi pour connaître et apprécier les événements.
Racontez, pour mes amis et pour moi, ce qui s'est passé
depuis l'établissement du Sénat ; rappelez-nous quels
étaient ses devoirs, car nous ne lisons guère les textes de
loi, et dites-nous s'il a manqué à ces devoirs ; montrez-
nous quel rôle a réellement joué cette majorité conservatrice du Sénat, si violemment attaquée par M. Gambetta et par les petits journaux ; faites-nous savoir, une
fois pour toutes, ce qu'il faut penser du cléricalisme et

de sa prétendue ingérence dans la conduite de nos représentants, et tâchez de nous signaler les projets du
parti qui nous engage à mettre ses créatures à la place
des hommes que nous avons toujours élus jusqu'à
présent.

Voilà le service que j'attends de vous, avec l'espoir
que votre réponse éclairera ma conscience. Je lirai
votre lettre à mes concitoyens, car je ne veux pas
me prononcer sans les avoir consultés, et si vos argu-
ments les persuadent, j'irai voter, l'esprit libre et le
cœur tranquille. »

Vous ne m'en voudrez pas, je pense, et ceux qui liront
ceci après vous, me sauront peut-être gré d'avoir rap-
pelé le sujet de vos préoccupations, avant d'esquisser
ma réponse. De cette manière, la question est nette-
ment posée, j'espère ne pas m'en écarter, j'éviterai tout
développement inutile. Au surplus, mon plan est fixé
d'avance. C'est dans les annales du Parlement que je
puiserai l'histoire de ce Sénat tant calomnié, si injus-
ment décrié. C'est dans les aveux de la presse républicaine, dans les révélations des orateurs de la gauche
que j'irai chercher l'indication de la politique à laquelle
la France serait soumise, si les élections de janvier
confirment les pronostics de M. Gambetta. Je n'inven-
terai rien, les faits que j'invoquerai tout le monde peut
les contrôler, et les plus puissants efforts de l'imagination ne parviendraient pas à en dénaturer le caractère
ou la portée.

II

Avant d'entrer en matière, avant d'apprécier les actes

de la majorité du Sénat, ne vous semble-t-il pas nécessaire de retracer en quelques mots l'origine de la Chambre haute, de déterminer le rôle qui lui avait été assigné par la Constitution, de façon à anéantir toute équivoque, à prévenir tout malentendu ? Si j'ai bien compris votre pensée, en effet, il ne s'agit pas d'examiner si les hommes qui composent la majorité ont manifesté par des démonstrations enthousiastes leur attachement aux principes républicains, — cela vous importe fort peu, vous l'avez dit vous-même, — il s'agit de savoir si ces hommes, réunis par les liens du patriotisme, ont su dominer leurs préventions, écarter toute préoccupation personnelle, tout prétexte à des divisions de parti, pour se consacrer entièrement à l'accomplissement du mandat qui leur était confié. Comment dès lors, pour se former une opinion impartiale, pour rendre un jugement équitable, ne point étudier l'esprit qui a présidé à l'établissement de cette institution ?

Nous ferons donc, si vous le voulez bien, un rapide retour vers le passé. Nous remonterons à trois ans en arrière, à ce moment où l'Assemblée nationale se disposait à rendre la parole au pays. Son œuvre était terminée, elle avait assuré la libération du territoire, relevé le prestige de notre armée, en la réorganisant sur des bases solides et durables, rétabli le crédit de la France, en réparant par des mesures douloureuses, sans doute, mais salutaires, les conséquences d'une situation qu'elle n'avait pas créée, il lui restait à couronner l'édifice qu'elle avait si péniblement construit en dotant le pays d'institutions capables d'assurer le présent et de sauvegarder l'avenir. Dans quel ordre d'idées entreprendrait-elle cette tâche ? Pour le comprendre, il faut se rappeler que, durant le cours de son existence, son œuvre fut sans cesse entravée par les entreprises des partis violents, dont l'action dissolvante faillit plus d'une fois compromettre les résultats acquis. Cette action, l'Assemblée avait prévu qu'elle s'exercerait avec plus de force encore dans l'avenir, aussi voulut-elle en atténuer les effets par des dispositions pleines de sagesse et de prudente sollicitude.

La constitution du futur Sénat devait avoir la plus grande part dans ses préoccupations. Les législateurs de 1875 avaient compris que si la cause de l'ordre et de la liberté était un jour compromise, c'est dans la Chambre haute qu'elle trouverait un refuge assuré. Ils résolurent d'en faire — suivant l'expression d'un illustre penseur du parti républicain, M. Laboulaye — « un corps d'élite, composé des hommes les plus éclairés et le plus continuellement mêlés aux affaires, qui eût l'esprit de suite, qui ne fût pas prodigue des ressources de l'État, et qui, poussant jusqu'à la passion l'égoïsme national, ne sacrifiât pas l'intérêt permanent du pays à l'entraînement d'un jour. » Afin d'assurer son prestige aux yeux du pays, et de lui donner la force dont il aurait besoin pour contrebalancer l'Assemblée rivale, ils voulurent qu'il puisât son origine aux sources populaires de l'élection ; mais comme ils estimaient qu'en administration il faut souvent beaucoup plus peser les voix que les compter, ils décrétèrent que le Sénat serait nommé, non par le suffrage direct de chaque citoyen, mais par le suffrage à deux degrés. Préoccupés en outre d'assurer aux intérêts du pays la représentation durable dont il a besoin, ils décidèrent encore que le Sénat ne se renouvellerait qu'insensiblement et partiellement.

Aux membres de ce corps d'élite, le législateur n'imposait ni le sacrifice de leurs opinions, ni l'abjuration de leur passé, ni un serment de fidélité à la cause républicaine, il leur demandait uniquement de se réunir, de se rallier sur le terrain d'un sage et prudent libéralisme, pour maintenir et défendre les lois établies, les protéger contre ce fatal esprit de réforme qui trop souvent anime les nouveaux venus dans la carrière politique, pour faire respecter en toute occasion les droits de l'ordre et de la liberté (1).

Tel fut l'esprit qui présida à l'institution du Sénat, telle fut la mission que reçut celui-ci, tel fut le rôle que lui assigna la Constitution. C'est en vain que l'esprit de parti s'efforce de donner le change à l'opinion publique, en dénaturant sciemment les intentions du législateur, en attribuant au Sénat d'autres devoirs que ceux qui viennent d'être rappelés; ses assertions trouvent leur réfutation dans les débats qui précédèrent le vote de la Constitution. Il suffit de relire ces débats pour se rendre compte des préoccupations qui sollicitaient l'Assemblée, dans ses divers essais d'organisation d'un Sénat. Le législateur avait pu constater, à plusieurs reprises, le courant passager qui entraînait la

---

1. J'entends parler de la vraie liberté qui, suivant la définition de Guizot, ne doit jamais être le triomphe d'une école philosophique, ou d'un parti politique, mais la jouissance pratique et légale des droits essentiels à la vie active des citoyens, comme à la dignité morale de la nation.

nation sur la pente du radicalisme, il avait assisté aux efforts tentés par les meneurs de ce parti pour convertir l'opinion à leurs idées, et devant le succès de ces manœuvres qui menaçait de livrer le pays à l'anarchie, à tous les dangers d'une politique d'aventures, il avait voulu en conjurer les effets en créant une Chambre haute où se perpétueraient les traditions de l'esprit conservateur.

Voilà la vérité, et les élections de 1876, en confirmant à la fois les espérances et les craintes des auteurs de la Constitution, furent un éclatant témoignage rendu à leur sagesse et à leur prévoyance. Le suffrage au troisième degré préparé par les élections municipales du 16 janvier, donna la majorité aux conservateurs dans le Sénat. Ce que furent les élections de février, est-il besoin de le rappeler ? Les chefs de parti les plus engagés dans la révolution sociale furent envoyés par les grandes villes. Dans les campagnes mêmes, il arriva trop souvent que les esprits crédules, séduits par de fallacieuses promesses, ou troublés par d'odieuses calomnies, donnèrent à des hommes nouveaux, inconnus, inexpérimentés, la préférence sur les hommes connus, déjà éprouvés, formés à la vie politique par une longue et constante pratique des affaires.

III

Dès lors, il fut facile de le prévoir, entre ce Sénat, composé en majeure partie de conservateurs, qui prenaient la Constitution pour base et pour limite de leur action, et cette Chambre de députés, presque tout entière composée d'hommes nouveaux, impatients du joug, avides de marquer leur place, et qui regardaient la Constitution comme une première, une timide étape dans la voie où ils prétendaient conduire la République et le pays, entre ces deux assemblées, issues de courants contraires, imbues d'idées opposées, le dissentiment naîtrait quelque jour, il éclaterait au moment où les meneurs de la Chambre tenteraient la réalisation des programmes imprudents qu'ils n'avaient pas craint de signer.

Mais n'anticipons pas sur les événements. Laissons la Chambre témoigner tout d'abord du plus étroit esprit d'exclusion, en invalidant systématiquement les élections de la plupart des députés conservateurs, et voyons ce qui se passe au Sénat.

Dès le début, se manifeste dans cette assemblée un vif désir de conciliation et d'apaisement. Il n'y a point de majorité constituée, mais d'un commun accord on s'y montre disposé à favoriser au gouvernement l'accomplissement de la tâche qu'il a entreprise. Quels sont pourtant les membres du nouveau cabinet ? Des républicains, des membres du centre gauche, qui ne dissimulent pas — les circulaires du ministre de l'intérieur en font foi — leur ferme volonté de gouverner le pays d'après les traditions de l'esprit républicain. Si, comme on a osé le dire et l'écrire, la majorité du Sénat avait été systématiquement hostile à l'établissement du régime républicain, si elle n'eût cédé à d'autre inspiration qu'à la haine pour ce régime, son véritable intérêt n'eût-il pas été de livrer dès l'abord assaut au pouvoir naissant, de le battre en brèche, de le contraindre à céder devant la violence d'une opposition sans merci ou à se jeter dans les bras du radicalisme, et de le perdre dès lors aux yeux de tous les hommes modérés? Au lieu de cela, que voyons-nous? Le Sénat accueille sans protester le programme du nouveau ministère, il ne l'embarrasse par aucune question insidieuse, il laisse publier les circulaires quelque peu imprudentes du ministre de l'intérieur, et lorsque, dans son sein, un siége de sénateur inamovible devient vacant par suite de la mort de M. de la Rochette, qui appelle-t-il à la succession de ce siége? Ce même ministre de l'intérieur, M. Ricard, à qui le suffrage universel avait préféré un candidat radical. Et lorsque, M. Ricard étant mort, le Maréchal choisit pour le remplacer, son sous-secrétaire d'État, M. de Marcère, que l'on accusait, non sans preuves, et sans qu'il s'en défendît, d'être l'auteur des circulaires, y a-t-il de la part du Sénat le moindre symptôme de mécontentement? Exige-t-on du nouveau ministre une déclaration de principes? Non, rien de semblable ne se produit, le Sénat ne cherche à entraver d'aucune façon l'action du pouvoir, il ne s'étonne même pas du nouveau débordement de circulaires auxquelles livre naissance l'impatiente activité de M. de Marcère, et lorsqu'un membre de l'extrême droite vient signaler à la tribune les attaques dirigées dans ces circulaires contre la parti conservateur, il se contente des explications que le ministre lui donne, il refuse de voter l'ordre du jour motivé qu'on lui propose et qui implique certaines réserves, il vote l'ordre du jour pur et simple ! Il songe si peu à combattre le cabinet que, quelques semaines après l'élection de M. Ricard, il donne un siége de sénateur inamovible au chef de ce cabinet, à l'honorable M. Dufaure

Que prouve cette conduite, sinon l'ardent désir de donner satisfaction au vœu du pays, qui après les agitations de la lutte, réclamait la tranquillité et l'apaisement ?

Ah ! je sais qu'à cette époque on a fait un crime au Sénat d'avoir appelé, dans son sein, M. Buffet, le chef du dernier cabinet. Mais devait-on oublier que M. Buffet avait été un des principaux artisans de la nouvelle Constitution, qu'il avait été un des premiers appelés à l'appliquer, que, dans le ministère dont il avait eu la direction, M. Dufaure n'avait pas dédaigné de prendre place, ainsi que M. Léon Say, aujourd'hui encore ministre des finances ? En introduisant M. Buffet parmi ses membres, le Sénat ne faisait que réparer une injustice du suffrage universel, comme il avait fait naguère en élisant M. Ricard. Il n'y eut dans cette occasion aucun intérêt politique en jeu ; et, si de cette époque date la formation de la majorité conservatrice, on dut reconnaître bientôt que les hommes qui composaient cette majorité n'avaient point eu le dessein de compter le nombre de voix dont ils pourraient disposer dans une action commune contre le ministère. La preuve en est que l'attitude du Sénat ne se modifia d'aucune sorte, qu'il n'y eut de sa part aucune provocation, aucune tentative d'hostilité, ni contre le cabinet, ni contre l'autre assemblée, ni contre le parti républicain en général. L'élection de M. Renouard, le candidat des gauches au siége de sénateur inamovible devenu vacant par suite de la mort de M. Letellier-Valazé, n'est-elle pas un des faits les plus concluants qu'on puisse opposer aux détracteurs de la majorité cons   trice ?

IV

Et cependant, que de griefs légitimes le Sénat aurait pu invoquer pour justifier une politique de défiance à l'égard du cabinet et de la majorité de l'autre chambre, si réellement il avait nourri les sentiments qu'on lui prêtait ! Le nouveau ministre de l'intérieur, docile aux ordres de la gauche, se plaisait à lui accorder toutes les satisfactions qu'elle réclamait; l'administration, les municipalités étaient livrées aux mains d'hommes connus pour leur haine envers ce que l'on appelait encore le « régime de l'ordre moral » ; dans les circulaires que M. de Marcère adressait à ses agents, et bientôt dans les discours qu'il allait prononcer sur différents points, le parti conservateur était l'objet des plus regrettables attaques, on cherchait à exploiter contre lui les préventions entretenues, dans les esprits, par les calomnies de la presse radicale. A la Chambre des députés, la guerre avait été déclarée dès le premier jour au parti conservateur. Le premier soin avait été d'extirper de la Chambre tous ceux de ses membres qui hésitaient à se jeter dans les rangs de la majorité sous la bannière de M. Gambetta. Déplorable manœuvre qui échoua d'ailleurs presque totalement, car, en dépit des efforts pratiqués par les agents du radicalisme, en dépit d'une propagande effrénée, le pays renvoya à la Chambre la plupart des députés que celle-ci avait exclus de son sein. Mais on ne s'était pas contenté de localiser la lutte, on prétendait aller chercher l'*ennemi* jusque dans le Sénat où l'on avait vu, avec colère, se former une majorité conservatrice. Poussés d'ailleurs par ce bouillant esprit de réformes qui s'impatientait de tout retard et dédaignait tout ménagement, les meneurs de la gauche n'en voulaient pas seulement aux hommes du parti conservateur, c'est aux lois votées par eux qu'ils entendaient s'en prendre.

Je touche ici à ce que l'on a appelé des « conflits » entre les deux Chambres, bien qu'à vrai dire il n'y ait en autre chose que des désaccords sur des propositions votées par la Chambre des députés, et que le Sénat crut devoir rejeter. L'esprit de parti s'est plu à exagérer ces désaccords, il a qualifié de résistance systématique de la part de la Chambre haute ce qui était uniquement l'exercice d'un droit de contrôle salutaire et légitime. Le Sénat ne pouvait suivre la majorité de la Chambre des députés dans la voie où celle-ci prétendait s'engager. « J'ai cherché — a dit un éloquent orateur, en faisant allusion aux procédés destructeurs de cette majorité, — j'ai cherché s'il y avait un exemple d'une pareille versatilité législative. Je me suis adressé à des magistrats éminents. Ils ont cherché, et ils n'en ont pas trouvé, si ce n'est aux époques révolutionnaires les plus violentes, à ces époques qu'il faut couvrir d'un éternel oubli, bien loin d'aller leur demander des modèles ». De bonne foi, le Sénat pouvait-il accepter la responsabilité de ces entraînements ? En rejetant des prétentions injustes, en repoussant des réformes qui ne lui semblaient compatibles ni avec l'intérêt bien compris du pays, ni avec le maintien d'une organisation qu'il avait mission de préserver contre toute atteinte, le Sénat resta fidèle à l'esprit de la Constitution : il fit simplement et uniquementson devoir. Si, comme on l'a dit, comme on le répète us les jours dans certaines feuilles, il n'avait cherché qu'un prétexte pour déclarer la guerre au parti républicain, l'occasion n'était-elle pas exceptionnelle ? n'eût-il pas été tout naturel qu'il usât de représailles ? Mais, loin de là, il ne crut pas devoir abandonner l'attitude conciliante et pleine de réserve qu'il avait adoptée, il se renferma dans son rôle de modérateur ; il se borna à protéger les droits de l'autorité, les intérêts du bon ordre et de la stabilité législative. N'est-ce pas la preuve qu'il n'eut jamais les vues qu'on lui a prêtées ?

V

Je rappellerai en peu de mots l'origine du premier désaccord qui s'éleva entre les deux Chambres. L'Assemblée nationale, vous le savez, persuadée que, puisqu'on voulait fonder une ère de liberté, le premier soin était de proclamer la liberté de l'enseignement supérieur, avait voté en 1875 une loi qui, tout en maintenant dans une large mesure les droits de l'État, donnait l'essor à l'initiative privée. En autorisant la création d'universités libres, elle n'avait entendu favoriser spécialement aucune opinion, aucune doctrine ; mais il arriva que les catholiques furent les premiers à tirer parti de la loi : sous leurs auspices on vit se fonder, dans plusieurs villes, des universités.

En fallait-il davantage pour exciter les colères de la gauche ? On résolut de s'en prendre à la loi. Mais comment l'atteindre ? L'attaquer sur la question de la liberté, c'était la vraie question, mais c'était dangereux pour des hommes qui prétendaient se diriger uniquement d'après les principes de la liberté. On

résolut de s'en prendre à la « collation des grades »,
un mot qui par lui-même ne disait rien, mais auquel,
par conséquent, on pouvait faire dire tout ce qu'on
voulait. On y montra les droits de l'État sacrifiés, l'enseignement supérieur compromis. Or, que signifiait en
réalité cette expression ? Je veux le rappeler, car elle a
servi plus d'une fois d'arme de combat aux adversaires
de la loi sur la liberté de l'enseignement. Cette loi avait
dû régler le mode des examens passés par les étudiants à
la fin des cours d'études. Elle avait donc décidé que les
Facultés de l'État feraient passer les examens : 1° à tous
les étudiants des Facultés de l'État ; 2° à tous les étudiants des Faculté libres non reliées en universités ; 3°
aux étudiants des Facultés libres qui viendraient réclamer leur jugement. Pour le reste seulement on ad-
mettait un jury spécial. Et comment est constitué ce
jury ? C'est encore une délégation des Facultés de l'État
qui y a la majorité du nombre ou de l'influence. Bien
loin que le droit de l'État y soit sacrifié, il n'y a aucun
point où il soit établi d'une manière plus forte, car
c'est le ministre qui peut désigner les professeurs des
Facultés de l'État dans cette délégation, et c'est lui qui,
d'après la loi, doit nommer les professeurs libres qui y
sont associés (1).

Voilà ce que l'on attaqua, voilà ce que l'on résolut
d'abolir après avoir fait plaider le procès par une presse

---

1. Dans ce rapide exposé des dispositions de la loi sur l'enseignement supérieur relatives à la collation des grades, je me suis
inspiré des explications fournies à la tribune du Sénat par
M. Wallon, celui qu'on a appelé le *père de la Constitution*, et j'ai
fréquemment reproduit les termes qu'il a employés.

***

entièrement dévouée aux rancunes de la gauche ! On exploitait d'avance la crédulité populaire, dans l'espoir que le Sénat céderait à la crainte de froisser l'opinion. Il n'en fut pas ainsi. Le Sénat vit dans le projet qu'on lui présentait ce qui y était réellement : le dessein de décapiter la liberté de l'enseignement supérieur. Il le repoussa, d'abord parce qu'il était inadmissible d'abroger une loi qui n'avait pas encore été appliquée, et dont on ne pouvait par conséquent apprécier les avantages ou les inconvénients ; ensuite parce que l'institution du jury spécial, tel qu'il avait été réglé par la loi, était le *minimum* des concessions que le gouvernement pouvait faire aux réclamations de l'enseignement libre.

J'en ai dit assez pour prouver que le Sénat, dans cette occasion, agit avec autant de prudence que de sagesse. Je vous laisse le soin d'apprécier le libéralisme de ses détracteurs qui lui ont fait un crime d'avoir maintenu une loi en vigueur dans tous les pays libres, et repoussée uniquement par les gouvernements autocratiques.

Tel fut le premier conflit, ou du moins ce que l'on a appelé ainsi. Vous allez voir que c'est le cas, ou jamais, de dire : *Ab uno, disce omnes.*

VI

A peine le Sénat s'était-il prononcé sur la question de la collation des grades, qu'il eut à examiner une nouvelle proposition ayant également pour but l'abrogation d'une loi. Il est vrai que, cette fois, il s'agissait d'une loi provisoire, de la loi du 20 janvier 1874, qui avait rendu au gouvernement la nomination des maires et adjoints. La Chambre des députés venait d'abolir cette loi provisoire, elle l'avait remplacée par une nouvelle loi, non moins provisoire, et qui décidait que, jusqu'au vote de la loi organique municipale, il serait procédé à la nomination des maires et des adjoints, dans les communes, par le Conseil municipal, parmi ses membres. Par exception, dans les chefs-lieux de département, d'arrondissement et de canton, les maires et adjoints seraient nommés parmi les membres du conseil municipal, par le Président de la République. C'était, en quelque sorte, un retour pur et simple à la loi de 1871, dont l'application avait donné lieu à tant d'abus. Le Sénat, toujours conciliant, ne voulut point paraître s'opposer à une nouvelle expérience de ce système ; il adopta donc les dispositions que je viens de rappeler et qui étaient contenues dans les deux premiers articles du projet. Mais il y avait un troisième article, où se révélaient les préoccupations de la gauche. *In cauda venenum* ! Cet article disposait que dans toutes les communes, les électeurs seraient convoqués pour procéder à des élections municipales, dans les trois mois qui suivraient la promulgation de la loi. Le Sénat ne pouvait s'associer aux préoccupations personnelles de la gauche. Il s'agissait d'appliquer une loi provisoire, des élections municipales deviendraient nécessaires après le vote de la loi organique, à quoi bon troubler le pays par une convocation anticipée, à quoi bon l'exposer à de nouvelles agitations, alors qu'il avait si besoin de calme et de tranquillité ? N'était-ce point d'ailleurs faire injure au corps électoral tout entier que de le convoquer dans de telles conditions ? Les élections municipâles avaient eu lieu au mois de décembre précédent, en provoquer de nouvelles, n'était-ce point l'inviter à ratifier sa propre condamnation ? Ces considérations prévalurent sur l'esprit du Sénat, il pensa qu'il pouvait, sans toucher à l'économie du projet de loi, écarter l'art. 3.

Dans cette occasion encore, je le demande, de quel côté fut le souci de l'intérêt commun, de la tranquillité et du repos publics ? De quel côté aussi le désir de la conciliation et de l'apaisement ?

VII

Mais tandis que le parti conservateur manifestait sa présence dans le Sénat par la pratique d'une politique sagement libérale, l'extrême gauche se signalait, dans les deux Chambres, par les propositions les plus subversives. Pour la première fois, depuis les tristes événements de 1871, on entendit des représentants de la France célébrer et réhabiliter à la tribune la mémoire des insurgés de la Commune, de ces misérables qui, au lendemain de nos désastres, sous les regards de l'envahisseur, s'étaient livrés à des excès dont le souvenir seul effraye l'imagination. Dans les deux Assemblées, je le reconnais, la proposition d'amnistie fut repoussée, mais, à la Chambre des députés, on la vit reparaître sous une forme déguisée, et, sous cette forme, on l'accepta! Pouvait-on pourtant se méprendre sur la portée de la proposition Gâtineau? En accordant le bénéfice de la prescription aux criminels auteurs de nos troubles civils, en enlevant aux conseils de guerre la juridiction des attentats commis contre la vie des personnes ou contre la propriété durant le règne de la Commune, cette proposition replaçait sous le régime du droit commun des gens qui s'étaient mis d'eux-mêmes hors la loi, elle portait atteinte au droit de grâce expressément réservé par la Constitution au chef de l'État; en n'atteignant pas les complices, c'est-à-dire les inspirateurs du crime, elle violait une règle absolue [de notre droit criminel; de plus, elle écartait, sans même en réclamer l'abrogation, deux lois qui ont un caractère particulier de solennité, l'une parce qu'elle est une loi organique, celle de 1849, qui déclare que la compétence des tribunaux militaires durera, même après que l'état de siége aura cessé; l'autre, parce qu'elle est spécialement applicable aux faits et aux coupables de la Commune.

Et c'est au Sénat, au gardien de la Constitution et des lois qu'on osait soumettre cette proposition attentatoire aux droits du Chef de l'État, aux principes de notre droit criminel, aux prescriptions de deux lois en vigueur! Faut-il s'étonner qu'il l'ait repoussée? N'eût-il pas manqué à sa mission, compromis sa dignité, en ratifiant le vote de la Chambre des députés?

Mais la loi, objecte-t-on, avait été amendée lorsqu'elle fut présentée au Sénat. Oui, mais l'amendement proposé, loin de détruire les inconvénients du projet, les aggravait peut-être, au contraire. Etablir des catégories de coupables, n'était-ce pas, en effet, reconnaître la qualité de belligérants aux soldats de la Commune? et d'ailleurs, pouvait-on avoir oublié que l'importance du rôle joué dans l'insurrection ne dépendait nullement des grades qui étaient dispensés au hasard dans les bataillons? Mais, ajoute-t-on, M. Dufaure s'était rallié à cet amendement. Hélas ! oui, par une de ces faiblesses trop communes aux hommes d'Etat qui n'ont pas su grouper autour d'eux une majorité de gouvernement, et cherchent dans une politique de compromis les conditions d'existence de leur pouvoir, M. Dufaure, qui, dans la Chambre des députés, avait combattu un à un tous les articles du projet de loi, était venu déclarer à la tribune du Sénat que « le gouvernement *préférait* l'adoption au rejet de l'amendement Berthaud. » Mais cette déclaration indiquait seulement une *préférence*, elle ne pouvait impliquer une question de cabinet. Cela est si vrai que M. Dufaure ne fit entendre aucune protestation, n'éleva aucune objection lorsque M. Paris, se faisant l'organe de la majorité, lui adressa ces paroles : « La politique que nous défendons ici est celle qu'avec votre double autorité de grand jurisconsulte et d'homme d'Etat, vous avez constamment soutenue devant la Chambre des députés. Le désaccord entre nous n'existe qu'en apparence ; nous soutenons dans une mesure différente le même combat, et je constate avec une vive satisfaction que, en résumé, vous vous contentez de dire au Sénat : Si vous voulez adopter l'amendement de M. Berthaud, nous n'y faisons pas d'opposition. Au fond, nous avons le droit d'affirmer, après vos paroles, que vous restez complétement d'accord avec nous et que la ligne de conduite que vous avez suivie jusqu'à ce jour, au sujet de la question d'amnistie, est celle dans laquelle, au nom de la Commission, nous convions le Sénat de marcher résolûment. »

A ces paroles, je le répète, M. Dufaure n'opposa aucune objection. Le Sénat, dès lors, n'avait-il pas lieu d'être convaincu que son vote ne troublerait en rien la bonne harmonie qui n'avait cessé de régner jusqu'alors entre lui et le président du Conseil? Et cependant vous voyez les feuilles de gauche répéter journellement que ce vote provoqua la démission de M. Dufaure. N'est-ce pas faire bon marché de la vérité? Tenez pour certain que, si M. Dufaure crut devoir quitter le pouvoir, il ne faut imputer sa détermination qu'aux échecs successifs qui lui furent infligés par la Chambre des députés, non-seulement dans la discussion du projet Gâtineau, mais dans la plupart des discussions relatives au budget.

VIII

Somme toute, dans les différentes propositions que nous venons d'examiner, peut-on se refuser à voir l'influence du radicalisme, s'imposant à la majorité de la Chambre des députés, lui dictant ses résolutions, sans égard pour les scrupules d'un petit nombre d'hommes modérés, trop compromis par leur alliance avec les gens de l'extrême gauche pour qu'on pût redouter leur opposition?

Le programme radical implique, sinon l'anéantissement, au moins l'amoindrissement de la religion : le projet de loi sur la collation des grades n'est-il pas un premier effort vers ce but? Ce qui détermine en effet ce projet, ce n'est pas l'abus d'un système qui n'a pas encore été mis à l'essai, c'est la crainte de voir les catholiques profiter du bénéfice de la loi sur la liberté de l'enseignement. Parcourez les débats qui eurent lieu en 1876, et vous reconnaîtrez que cette préoccupation, cette préoccupation unique, domine l'esprit de la majorité.

Ce que rêve le radicalisme, c'est une société nouvelle, constituée sur de nouvelles bases, bâtie sur les ruines de nos institutions et de nos lois. Dans cette proposition Gâtineau, qui, d'un trait de plume, supprime deux lois importantes, porte atteinte à la Constitution, et viole une des règles les plus positives de notre droit criminel, n'y a-t-il pas encore un essai d'application du programme radical?

Pour arriver à ses fins, le radicalisme tend à s'introniser partout, à s'emparer de toutes les fonctions électives. Dans l'article 3 de la loi sur la nomination des maires, ne reconnaissez-vous pas cette préoccupation constante d'un parti envahisseur?

Enfin, le radicalisme ne peut assurer son empire qu'en cherchant un point d'appui dans les forces de la démagogie. Les propositions d'amnistie présentées aux deux Chambres et renouvelées sous une forme indirecte par le projet Gâtineau ne sont-elles pas une première satisfaction donnée aux revendications du parti révolutionnaire?

Le Sénat avait su discerner le mobile caché de toutes ces propositions, il en avait compris le but et la portée, aussi ne se laissa-t-il pas prendre aux piéges qu'on lui tendait. L'opinion publique ne doit-elle pas lui tenir compte de sa perspicacité et de sa prudence?

Mais le Sénat n'eut pas seulement à préserver nos institutions et nos lois contre les atteintes qui leur étaient portées, il eut aussi à défendre son propre pouvoir, et les droits qu'il tenait de la Constitution. Vers le milieu de l'année 1876, on vit commencer dans la presse une polémique étrange et toute nouvelle. Des écrivains, aux ordres de M. Gambetta, ou s'inspirant de sa manière de voir, entreprirent de contester au Sénat le droit de discuter et d'amender le budget; ils développèrent cette thèse inouïe que la Chambre haute n'avait d'autre mission que d'enregistrer les lois financières adoptées par la Chambre des députés. L'article 8 de la Constitution est pourtant formel, il porte que «le Sénat a, concurremment avec la Chambre des députés, l'initiative et la confection des lois, » que « toutefois les lois de finances doivent être en premier lieu présentées à la Chambre des députés. » Ce texte est clair, limpide, il ne peut donner lieu à aucune équivoque. Puisque les lois de finances doivent être *en premier lieu* présentées à la Chambre des députés et votées par elle, ces lois doivent en *second lieu* être présentées à une autre chambre et votées par une autre Chambre. Cela est manifeste pour quiconque comprend le français. C'est pourtant cet article 8 qui servit de thème à la discussion; ou eut recours à toutes les subtilités que peut engendrer la mauvaise foi pour lui faire dire autre chose que ce qu'il disait. Au sein même de la Chambre, une longue discussion s'engagea sur le sens de cet article : M. Gambetta déploya toutes les ressources de sa puissante dialectique pour la défense d'une théorie contraire au bon sens et à l'esprit de la Constitution. Mais les droits du Sénat trouvèrent dans le nouveau président du Conseil, M. Jules Simon, un éloquent avocat, et la majorité de gauche, persuadée par son langage, recula devant la perspective d'un conflit dont on ne pouvait prévoir les conséquences.

Le Sénat, d'ailleurs, avait énergiquement maintenu ses droits. Sans prendre garde à la discussion dont ils étaient l'objet, il avait rétabli les crédits que la haine de la religion avait poussé la gauche à retrancher du budget, il avait condamné tous les votes qui auraient eu pour effet d'abroger d'une manière détournée des lois en vigueur. Mais il avait en même temps donné une nouvelle preuve de sa modération et de son patriotisme, en discutant le budget pour ainsi dire au pied levé, car la Chambre, désireuse de faire triompher ses théories, ne lui avait soumis les lois de finances que vers le milieu de décembre, lui laissant à peine le temps, je ne dirai pas de parcourir, mais de voter les divers chapitres qu'elle avait mis plusieurs mois à examiner et à discuter. Le Sénat ne voulut pas encourir la responsabilité d'un retard que l'esprit de parti n'aurait pas manqué d'exploiter, il ne voulut pas que le pays eût à souffrir de la mauvaise volonté de la Chambre des députés, il déploya une activité dévorante dans un débat aride et complexe, et donna par la même occasion un témoignage d'encouragement au nouveau président du Conseil qui était venu faire appel à son patriotisme et à sa modération. Bien plus, quand la Chambre des députés lui renvoya le budget, après avoir de nouveau retranché une partie des crédits rétablis par la majorité conservatrice, celle-ci se contenta des légères satisfactions qu'on lui avait données, et adopta le budget tel qu'on le lui présentait.

Vous verrez cependant encore aujourd'hui des écrivains et des orateurs reprocher à la majorité du Sénat d'avoir voulu provoquer un conflit entre les deux

Chambres ! Il est vrai qu'en n'empêchera amais certaines gens de débiter des calomnies, certains esprits crédules de les écouter et de les croire. Dieu vous préserve d'un tel aveuglement !

IX

Mais le moment approchait où le Sénat allait être appelé à résoudre une grave question. Le chef de l'État, après avoir, à deux reprises, pris son ministère dans la gauche, venait de se séparer de M. Jules Simon, et d'appeler aux affaires des hommes connus pour leur dévouement à la cause conservatrice. Le nouveau cabinet avait été accueilli à la Chambre des députés par un vote de défiance : le conflit était engagé entre le pouvoir exécutif et une des portions du pouvoir législatif. Ce conflit, c'est au pays qu'il appartenait de le résoudre, mais pour consulter le pays, il fallait l'autorisation du Sénat.

Je n'ai point à apprécier ici l'acte du 16 mai. La seule question que j'aie à examiner est celle-ci : le Sénat devait-il voter la dissolution de la Chambre ? Eh bien ! en dehors de toute considération favorable à l'acte du 16 mai, je n'hésite pas à répondre que le Sénat ne pouvait, sans livrer le pays à l'anarchie, refuser le vote de dissolution. Quand le Maréchal de Mac-Mahon s'adressa à lui, tout était consommé, un abîme était creusé entre la Chambre et le Chef de l'État. Celui-ci ne venait pas consulter le Sénat sur l'opportunité d'un changement de politique, il venait lui dire : « Vous savez avec quel scrupule j'ai observé dans l'exercice du pouvoir qui m'est confié les prescriptions de la Constitution. Après les élections de l'année dernière, j'ai voulu choisir des hommes que je supposais être en accord de sentiments avec la majorité de la Chambre des députés. J'ai formé, dans cette pensée, successivement deux ministères. Malgré le concours loyal que je leur ai prêté, ni l'un ni l'autre de ces ministères n'a pu réunir dans la Chambre des députés, une majorité solide acquise à ses propres idées. J'ai constaté qu'aucun ministère ne pouvait se maintenir dans cette Chambre sans rechercher l'alliance et subir les conditions du parti radical. Je ne pouvais accepter une telle situation. J'ai donc fait appel au concours d'hommes décidés comme moi à pratiquer loyalement les institutions établies. La Chambre repousse ces hommes, refuse d'entrer en rapports avec eux ; par ses manifestes, elle sème le trouble et l'agitation dans le pays. Il faut que cet état de choses prenne fin, je viens donc vous demander votre avis sur la nécessité de dissoudre la Chambre. »

Voilà la question, telle qu'elle fut posée au Sénat. Dans ces conditions, je le demande, celui-ci pouvait-il agir autrement qu'il n'a fait ? Refuser le vote de dissolution, c'était rendre impossible au Maréchal l'exercice du pouvoir, c'était prendre devant le pays la responsabilité d'une crise gouvernementale avec toutes ses conséquences si désastreuses pour l'ordre et la tranquillité publique. Le Maréchal tombé du pouvoir, qu'arriverait-il ? On provoquerait la réunion du Congrès, et dans ce Congrès la gauche encore en proie aux inspirations de la colère, pleine du désir de la revanche, aurait la majorité; la voix des conservateurs y serait étouffée; les républicains modérés suivant leur habitude, garderaient le silence et céderaient aux objurgations de leur dangereux alliés; ne venaient-ils pas de justifier toutes les appréhensions en entrant dans cette coalition des 363, où ils figuraient à côté des plus exaltés meneurs du radicalisme? Que sortirait-il de cette réunion? Peut-être la révision de la Constitution, à coup sûr le désordre dans le pays, le trouble dans les intérêts, une longue et redoutable agitation.

En présence d'une telle perspective, le Sénat n'avait pas à hésiter, je le répète. Entre deux inconvénients, celui d'un appel plus ou moins opportun au pays, et celui d'une crise gouvernementale, qui pouvait avoir pour dénouement la ruine de nos institutions, le Sénat choisit le moindre. Il savait, en votant la dissolution, que la Constitution resterait à l'abri de toute atteinte. Dans son message du 18 mai, le Maréchal avait fait les déclarations suivantes : « Je n'en reste pas moins, aujourd'hui comme hier, fermement résolu à respecter et à maintenir les institutions qui sont l'œuvre de l'Assemblée, de qui je tiens le pouvoir, et qui ont constitué la République... Tous mes conseillers sont, comme moi, décidés à pratiquer loyalement les institutions et incapables d'y porter aucune atteinte. » Cette déclaration était renouvelée à la tribune par l'illustre homme d'Etat qui avait accepté la présidence du Conseil.

Le Gouvernement n'avait pas moins tenu à rassurer le Sénat sur les intérêts de la paix. Dans son message, le Maréchal s'était exprimé ainsi : « Mon gouvernement veillera à la paix publique. Au dedans, il ne souffrira rien qui la compromette. Au dehors, elle sera maintenue, j'en ai la confiance, malgré les agitations qui troublent une partie de l'Europe, grâce aux bons rapports que nous entretenons et voulons conserver avec toutes les puissances, et à cette politique de neutralité et d'abstention, qui vous a été exposée tout récemment et que vous avez confirmée par votre approbation unanime. Sur ce point, le nouveau ministère pense exactement comme l'ancien, et pour bien établir cette conformité de sentiments, la direction de la politique étrangère est restée dans les mêmes mains. » A l'appui de cette déclaration, l'honorable ministre des affaires étrangères était venu lire à la tribune les télégrammes qui lui avaient été adressés par les représentants des puissances européennes, qui, toutes, à commencer par l'Italie, affirmaient leur confiance dans le maintien des bonnes relations qu'elles n'avaient cessé d'entretenir avec le gouvernement du Maréchal.

Enfin, le Président du Conseil, avec sa parole autorisée, avait réduit à néant les ridicules assertions qui représentaient le nouveau cabinet comme le produit et l'instrument d'une intrigue cléricale, destinée à faire prévaloir la religion dans la politique, et l'influence du clergé dans les matières civiles. Après avoir fait justice de ces grossières imputations, M. de Broglie ajoutait : « Quant à nous, nous respectons également les droits de la société spirituelle, tels que le Concordat les a réglés, et les droits de la société civile, tels qu'il les reconnaît. Je ne demande à ceux qui nous attaquent que de respecter les droits de la société spirituelle et de la conscience, comme nous saurons faire respecter partout les droits de l'Etat et ceux de la société civile. »

Ainsi donc, sur tous les points qui pouvaient éveiller les légitimes susceptibilités du Sénat, le gouvernement avait eu soin de le rassurer pleinement. La majorité n'avait aucun motif pour douter de la sincérité de ces déclarations, elle en avait au contraire de puissants pour empêcher la prolongation d'un conflit qui paralysait l'action du pouvoir exécutif et entretenait l'inquiétude dans les esprits. Elle n'avait rien fait pour provoquer cette crise, son attitude à l'égard de M. Jules Simon avait été la même qu'à l'égard de M. Dufaure, elle n'avait ébranlé son autorité par aucun vote défavorable. Alors qu'à la Chambre, on se plaisait à accumuler les difficultés autour de ce cabinet issu de la gauche, elle s'était renfermée dans une prudente réserve, dégagée de tout sentiment d'hostilité. Elle apprit la détermination du Maréchal et la démission du ministère, comme tout le monde, par les lettres qui furent échangées entre les parties intéressées. Et notez ce fait, qu'avant comme après le vote de la dissolution, la majorité conservatrice se renferma dans un silence discret, elle ne provoqua aucune interpellation, elle n'adressa pas de manifeste au pays, elle jugea qu'il convenait à sa dignité de laisser celui-ci se prononcer avec une entière indépendance sur le différend qui lui était soumis. On ne peut en dire autant des sénateurs de la gauche : ceux-ci, depuis la prorogation du Parlement jusqu'à l'époque des élections, n'adressèrent pas moins de quatre manifestes aux électeurs, pour les engager à faire triompher la coalition des 363. N'eût-il pas été plus sage, plus correct de leur part, d'imiter la réserve de leurs collègues de la droite ?

X

Il me reste à dire un mot du vote qui précéda la démission du cabinet du 17 mai. Ce vote a été l'objet de vives critiques, on y a vu en quelque sorte la condamnation des choix faits par le pays. Une telle appréciation est absolument dénuée de fondement, le cabinet tenait à faire constater que, durant son passage aux affaires, aucune atteinte n'avait été portée à nos institutions et à nos lois. Le Sénat ne pouvait lui refuser cette constatation, mais son vote n'implique rien de plus.

XII

Mais le cléricalisme, direz-vous encore, le cléricalisme dont on nous parle constamment, le cléricalisme que le chef des gauches dénonçait récemment en ces termes : « Le péril social, le voilà, » le cléricalisme n'a donc point eu sur les résolutions de la majorité l'influence qu'on lui prête ? Ma réponse sera facile : Si nous n'étions pas en France, c'est-à-dire dans un pays où l'éclat des phrases pompeuses et le fracas des mots sonores ont tant de prestige sur les âmes, depuis longtemps l'opinion publique aurait fait justice d'accusations qui ne reposent sur aucun fondement. Elle aurait exigé des preuves, et devant le silence des accusateurs, en l'absence de tout grief sérieux, de tout fait saisissant, elle eût bien vite apprécié le néant de ces impostures. Mais il faut malheureusement compter avec les entraînements et les faiblesses de l'esprit national. L'imagination du peuple est prompte à s'exalter : elle admet volontiers l'existence d'ennemis cachés, d'influences occultes. Ces préjugés sont de tout temps. Autrefois on croyait à la magie, à la sorcellerie, aujourd'hui l'on croit au cléricalisme. Le préjugé au fond est le même, le danger est aussi chimérique. C'est l'épouvantail dont un parti sans scrupules se sert pour imposer aux masses la haine des hommes restés fidèles au culte de leurs ancêtres. Ceux qui évoquent ce fantôme sont à peu près aussi sincères que l'étaient les magiciens du moyen âge dans leurs ridicules pratiques. Voyez donc ce que deviennent leurs accusations, quand elles se produisent au grand jour de la discussion : parcourez les débats qui ont eu lieu au mois de mai 1877 dans la Chambre des députés. A quoi s'est réduit tout cet échafaudage de plaintes dont on avait fait si grand bruit? C'est à peine si l'on a pu dénoncer quelques démonstrations isolées. Mais le mot d'ordre venu du Vatican, a-t-on pu le signaler? L'action mystérieuse des sociétés occultes, des corporations religieuses, l'a-t-on démontrée? Allons donc ! pures calomnies que tout cela, bonnes à débiter devant un public d'avance désigné, impuissantes sur l'esprit des hommes sérieux.

Je ne puis m'étendre longuement sur cette question. La tâche serait aisée, mais je ne peux pas oublier que je n'ai à m'occuper ici que du Sénat. Eh bien ! je le demande sans crainte, qu'on cite une seule circonstance où la majorité conservatrice ait manifesté des tendances cléricales. Est-ce lors du vote sur la loi relative à la collation des grades? J'en ai parlé suffisamment pour que vous ne puissiez vous tromper sur les véritables intentions de la majorité dans cette occasion ; il s'agissait uniquement, vous vous le rappelez, de maintenir une disposition sans laquelle la liberté d'enseignement n'est qu'un leurre. Est-ce lors du vote sur le projet de dissolution ? Mais dans cette occasion, la majorité ne manifestait-elle pas des dispositions tout autres que celles qu'on lui prête, puisque le Président du Conseil se croyait obligé de venir faire justice à la tribune de certaines insinuations qui représentaient le ministère comme le produit et l'instrument d'une intrigue cléricale ? Et le chef de l'État lui-même n'avait-il pas eu soin de déclarer que si quelques imprudences de paroles ou de presse — il faisait allusion à certains organes religieux — compromettaient l'accord de la France avec d'autres puissances — notamment avec l'Italie que l'on représentait faussement comme hostile au nouveau ministère, il emploierait pour les réprimer, les moyens que la loi met en son pouvoir.

Si le gouvernement avait agi sous l'influence du cléricalisme et s'il avait pu croire que cette influence prédominait dans le Sénat, aurait-il pris la peine de tenir ce langage ?

Qu'on cite donc d'autres circonstances. Mais il n'en est pas. M. Gambetta, dans son fameux discours de Romans, a-t-il signalé un acte, un vote du Sénat qui confirmât les accusations qu'il portait contre la majorité conservatrice ? Non, il s'en est tenu à des affirmations vagues, indécises, il n'a pas dénoncé un fait, il n'a fourni aucune preuve. Et les journaux, les brochures qu'on vous distribue si libéralement, sont-elles plus explicites ? Eh non ! vous le savez bien.

En réalité, le cléricalisme n'est qu'un mythe inventé par les ennemis de la religion, mais existât-il réellement, je défie qu'on en découvre les traces dans la conduite de la majorité du Sénat.

XIII

Je crois avoir répondu à toutes les critiques que l'on a adressées à cette majorité. Sa conduite depuis la constitution du cabinet actuellement en fonction, ne peut soulever de discussion : elle ne saurait donner lieu qu'à un procès de tendances, et c'est un terrain sur lequel je ne suivrai pas les adversaires du parti conservateur. Vous avez en effet à juger des actes, et non des intentions. Eh bien ! ne suis-je pas en droit de le demander maintenant : A quoi se réduisent les imputations qu'une presse hostile dirige contre l'honneur, la dignité, le patriotisme des sénateurs de la droite ? Après l'examen impartial des faits, que reste-t-il des calomnies accumulées par la malveillance ? A ceux qui viennent vous dire : les hommes que vous avez élus en janvier 1876 n'ont plus droit à votre confiance, — hésiterez-vous désormais à répondre : Non, ces hommes n'ont pas mérité de perdre notre confiance, ils ont maintenu la Constitution, mis nos lois à l'abri de toute atteinte, ils ont conservé intact le dépôt qui leur avait été confié ; leur souci constant a été de sauvegarder les grands intérêts de l'ordre et de la paix, d'épargner au pays toute agitation. S'ils ont voté la dissolution de la Chambre, c'est parce qu'il fallait mettre fin à une crise dont les dangers s'aggravaient en se prolongeant, et parce qu'un vote contraire aurait eu des conséquences beaucoup plus funestes. Dans toutes les autres circonstances, notamment lors de la discussion de la loi sur les maires, ils ont condamné cette politique aventureuse qui cherche dans des élections multipliées ses éléments de succès ; ils ont fidèlement accompli leur mandat, pourquoi refuserions-nous de les réélire ?

Non, vous ne pouvez hésiter à renouveler leur mandat, car enfin, à ces hommes, dont le seul tort peut-être a été de sacrifier le souci d'une vaine et trop facile popularité aux préoccupations plus dignes d'un patriotisme désintéressé, qui vous propose-t-on de préférer ? Des hommes nouveaux, inconnus d'hier, ou des échappés de la majorité de la Chambre. On vous dit : Il nous faut un Parlement républicain, le temps des conservateurs est passé, voyez comme nos amis s'entendent, si vous votez pour les candidats républicains, vous aurez dans les deux Chambres une majorité acquise aux mêmes idées ; vous réaliserez l'accord parfait de tous les pouvoirs.

Mais pour que cet argument eût du poids sur vos décisions, il faudrait que cette union tant vantée des gauches eût quelque solidité. A vrai dire, ce n'est qu'une combinaison de circonstance, où l'on ne saurait trouver les éléments d'un parti de gouvernement et qui n'a jamais pu fournir à aucun ministère une majorité durable. Ni par son origine, ni par son but, elle n'est destinée à vivre. Formée sous l'action des événements, elle ne s'appuie sur aucun principe, elle n'a d'autre lien que la crainte et la haine communes du parti conservateur. Supprimez l'obstacle, éliminez cette force qui s'oppose au déchaînement de convoitises insatiables, et demain la désagrégation se produira dans ses rangs. Ces conservateurs, dont l'alliance semble si précaire aux écrivains de la presse républicaine, ont pu former plusieurs ministères, dont les membres étaient issus des différents groupes qui composaient leur parti. Que les gauches essaient d'en faire autant, qu'elles tentent de grouper dans un même cabinet les hommes du centre gauche et ceux de l'extrême gauche ! Il suffit d'indiquer cette éventualité pour en démontrer l'impossibilité.

Ces résultats profondément divers tiennent à la différence essentielle qui caractérise les deux alliances. Les conservateurs ne sont divisés que sur une question : celle de la forme de gouvernement qui convient à la France. A part cela, ils sont d'accord. Que par patriotisme, ils en viennent à laisser de côté cette question de forme, qu'ils en viennent à se réunir pour assurer le respect des principes sociaux et le maintien des institutions établies, et de leur union pourra naître une politique régulière, suivie, ils constitueront un parti de gouvernement, ils formeront une majorité solide, inébranlable.

Les républicains, au contraire, ne sont d'accord que sur un point, ou plutôt sur un mot, le mot de république. Sur tout le reste ils sont divisés. Allez au fond des choses, et vous reconnaîtrez quel abîme il y a entre la République telle que l'entendait M. Thiers, et la République comme la comprend M. Gambetta, entre cette dernière et celle de M. Louis Blanc. Ce mot de République qui est la raison unique de leur alliance, prend les sens les plus divers, suivant qu'il passe par une bouche ou par une autre. Pour qu'une majorité, formée de tels éléments, puisse durer quelque temps, il faut que le Chef de l'Etat se résigne à prendre son ministère tour à tour dans chacun des groupes qui composent cette majorité, il faut que tous les membres de celle-ci consentent à s'associer aux évolutions politiques de chacun de ces cabinets, si bien que cette majorité, conservatrice aujourd'hui, sera radicale demain, ultra-radicale et socialiste après-demain. Vous voyez d'ici le vice du système. Il aboutit à rendre les républicains modérés complices des excès les plus regrettables.

Or, de deux choses l'une, ou les républicains sont fermement résolus, comme ils le disent, à maintenir leur alliance, et comme les radicaux ne sont pas gens à se payer de vaines promesses, il faudra que leur jour arrive ; ou les républicains modérés sont d'avance résolus à se séparer de leurs imprudents alliés, quand ceux-ci feront valoir leurs prétentions, et alors où sera la majorité ? où sera le point d'appui du gouvernement qui se trouvera en présence de deux Chambres tiraillées par les mêmes difficultés, déchirées par les mêmes divisions ?

XIV

Mais, vous dira-t-on, c'est prévoir les choses de bien loin ; nous sommes tous d'accord pour ne pas aller trop vite.

En admettant que ce soit vrai, trouvez-vous la réponse satisfaisante ? Qu'importe que le mal soit différé, s'il doit se produire un jour ? Mais la vérité est que la question se posera beaucoup plus tôt qu'on ne pense. N'est-ce pas en 1880 que doit s'engager le débat sur la révision de la Constitution ? Les journaux républicains évitent de parler de cette éventualité. Ce n'est point de cela qu'il s'agit pour le moment, déclarent-ils, à quoi bon s'en occuper? Comment! à quoi bon? Mais c'est là au contraire la question capitale, la question la plus palpitante d'actualité, celle qui doit dominer toutes vos préoccupations dans les choix que vous allez faire. N'est-il pas évident, en effet, que la situation sera tout autre si nous avons au Sénat une majorité conservatrice que si nous avons une majorité de gauche? Quel sera, dans cette occasion, le rôle de la majorité conservatrice, retrempée nouvellement aux sources de l'élection, et forte, par conséquent, de l'appui moral du pays? Ce sera de résister au débordement de mauvaises passions qu'un tel débat ne peut manquer de déchaîner, ce sera de défendre nos institutions contre l'intrusion de ces réformes funestes qui auraient pour effet d'en dénaturer le caractère et l'esprit, ce sera de donner aux républicains modérés le courage de se joindre aux conservateurs pour le maintien des principes qu'ils désireraient sauvegarder.

Quel serait, dans les mêmes conditions, le rôle d'une majorité républicaine, fût-elle composée en grande partie d'hommes modérés? Ah! il faudrait ne pas connaître l'histoire pour ne pas prévoir ce qui arriverait. N'est-ce pas comme une loi inéluctable que, sous la domination républicaine, les modérés cèdent le pas aux exaltés? Pleins de bonnes intentions, ils redoutent les dénonciations de la presse radicale, les accusations de leurs alliés, devenus leurs tyrans. L'intérêt de leur réélection justifie à leurs yeux les plus honteuses reculades, les plus humiliantes concessions. Quand ils ont devant eux une majorité conservatrice, ils peuvent, sans avoir l'air de déserter le champ de bataille, et sous couleur d'opportunisme, se maintenir dans les limites de la légalité ; ils ont un point d'appui là où beaucoup d'entre eux — les aveugles ! — s'imaginent trouver une force de résistance. Quand, au contraire, ils sont au premier rang, entraînant derrière eux cette meute avide de pouvoir et se précipitant à la curée avec une féroce âpreté, quand ils sont soumis à cette force qui les pousse en avant, sans qu'aucune autre force fasse équilibre, ils se trouvent dans l'alternative ou de céder à l'impulsion qu'ils reçoivent, ou bien de se perdre aux yeux de l'opinion aveuglée et qui ne voit plus en eux que des réactionnaires, ennemis du progrès...

XV

Et qu'on ne vienne pas dire qu'il n'en serait pas de même aujourd'hui qu'il en a été autrefois. Qu'on ne vienne pas dire que nos craintes sont exagérées, que le péril social est un mot vide de sens, inventé par les conservateurs. Ce péril existe, aveugle qui ne le voit pas. L'ordre est à la surface, il n'est pas dans les esprits et dans les choses. Expliquez donc autrement cet état de malaise général qui subsiste en dépit de toutes les assurances d'avenir qu'on nous prodigue à l'envi ? En serait-il ainsi dans une société où toutes les garanties de stabilité seraient reconquises ? La vérité, voyez-vous, c'est que l'opinion publique s'effraye des revendications audacieuses dont une certaine presse se fait l'organe, de ces programmes insensés qui remettent tout en question, font table rase de nos institutions et de nos lois, proscrivent la religion et ses ministres, s'attaquent à l'indépendance de la magistrature, dont les emplois seraient désormais la récompense de services politiques, atteignent la discipline militaire en introduisant l'esprit de discussion dans les casernes, bouleversent notre système d'impôts en lui substituant une taxe progressive qui ruinerait la propriété et abaisserait les revenus de l'industrie et du commerce, réclament l'amnistie, c'est-à-dire la réhabilitation de la Commune, et s'autorisent de je ne sais quels principes nouveaux pour prescrire une transformation sociale. L'opinion publique redoute à juste titre la réalisation de ces programmes, elle entrevoit leur discussion dans un avenir prochain et se demande, non sans inquiétude, quelle force s'opposera à leur triomphe. Cette force, assez puissante pour comprimer l'essor des factions révolutionnaires, elle existe encore, quant à présent; il dépend de vous de la consolider ou de la détruire.

Voulez-vous retarder l'heure de la révision jusqu'au jour où, le calme s'étant rétabli dans les esprits, on pourra aborder sans crainte l'examen des questions qu'elle soulève, voulez-vous le maintien des institutions existantes? Jugez-vous, comme moi, qu'elles garantissent suffisamment les droits de la liberté? Voulez-vous que le gouvernement de la République reste aux mains d'hommes sages, modérés, indépendants? Voulez-vous un pouvoir fortement constitué? Rappelez-vous ce qu'a dit un grand homme : « Le gouvernement est une navigation, il faut avoir deux éléments pour naviguer, il en faut deux aussi pour diriger le vaisseau de l'Etat, afin de pouvoir s'appuyer sur l'un contre l'autre. » Gardez-vous donc de donner la majorité aux républicains dans les deux Chambres. Car, dans ces conditions, vous auriez un gouvernement privé de toute autorité, impuissant à se diriger au milieu des fluctuations d'une politique se modifiant à chaque changement de ministère ; vous auriez deux Chambres divisées par les mêmes intérêts, en proie aux mêmes courants, incapables de fournir une majorité solide et durable, à moins que, par le plus humiliant des compromis, les hommes modérés ne consentent à faire le jeu des radicaux, à gravir à leur suite tous les degrés de l'échelle révolutionnaire. Comment, dans une telle confusion, les affaires seraient-elles traitées sérieusement ? Toutes les questions d'où dépend la prospérité d'un Etat et qui ont besoin d'être discutées avec calme et maturité, seraient décidées par des solutions improvisées. L'intérêt du moment, la crainte de déplaire à ses alliés, prévaudraient sur toute autre considération. Qu'une telle situation se prolonge plus ou moins longtemps, le dénoûment est facile à prévoir : il est écrit dans l'histoire à ces deux dates fameuses : 18 brumaire et 2 décembre.

Cet élément de stabilité, ce salutaire contre-poids nécessaire à l'équilibre de l'Etat, la République ne l'a trouvé jusqu'à présent et ne le trouvera dans l'avenir que dans un Sénat conservateur, résolu à maintenir les institutions que le passé nous a léguées et qui honorent notre histoire. Tous les sages amis de la République partagent cette opinion ; ceux qui pensent autrement écoutent leurs propres passions plutôt que l'intérêt véritable du pays. Vous ne voudrez pas partager leur erreur ; vous comprendrez qu'aujourd'hui comme en 1876, ce n'est point entre la monarchie et la république que la lutte est engagée, c'est entre le parti conservateur et le parti radical. Le retour de la monarchie dans les circonstances actuelles, personne ne songe à le préparer : unis pour défendre les principes et les institutions qui font la grandeur et la prospérité de l'Etat, les conservateurs se diviseraient le jour où il serait question de changer la forme du gouvernement ; leur intérêt commun est de maintenir ce qui existe. Le parti radical seul peut méditer des changements ; il étouffe dans les bornes étroites que la Constitution a imposées à son ambition, il rêve de briser cette barrière importune. Le maintien de la République est inséparable à ses yeux d'une transformation sociale. De ce côté, vous avez tout à craindre ; de l'autre, vous n'avez rien à redouter. Qui pourrait hésiter en présence d'une telle alternative ?

XVI

Vous réélirez donc, si vous voulez m'en croire, les conservateurs que vous avez nommés en 1876. Mais vous ne vous en tiendrez pas là. Convaincu, avec tous les hommes de bon sens, qu'il importe d'opposer une force de résistance au débordement des passions révolutionnaires, vous ne vous bornerez pas à rétablir cette force telle qu'elle existe à présent, vous tiendrez à l'accroître par l'introduction d'un plus grand nombre de conservateurs dans le Sénat, de telle sorte qu'au jour du débat sur la révision, l'audace des réformateurs soit déconcertée par l'énergie de l'opposition.

Vous contribuerez ainsi à assurer à la France quelques années de calme et de tranquillité, durant lesquelles vous pourrez jouir en paix du fruit de vos travaux, et peut-être ferez-vous plus pour l'établissement de la République que n'ont fait depuis un siècle les hommes qui se recommandent de son nom, et ne savent jamais l'arrêter sur la pente qui mène au despotisme, en passant par l'anarchie.